Renato Soffner

Gestão do Conhecimento e do Potencial Humano

1ª edição

Piracicaba – SP
Edição do Autor
2013

Catalogação elaborada por Lissandra Pinhatelli de Britto – CRB8 7539

S664g	Soffner, Renato Kraide. Gestão do conhecimento e do potencial humano (livro eletrônico) / Renato Kraide Soffner – Piracicaba, SP: Edição do Autor, 2013. 200 kb.; ePUB Bibliografia. ISBN 978-85-915699-0-8 1. Educação. I. Título

CDD – 370

Agência Brasileira do ISBN
ISBN 978-85-915699-0-8

9 788591 569908

Sumário

Introdução 4

O Conhecimento 6

Aprendizagem 15

Competências e Potencial Humano 18

Gestão do Conhecimento e do Potencial Humano 23

Considerações Finais 28

Referências 29

Introdução

Este texto não pretende ser apenas mais um dos escritos sobre tema tão polêmico e amplo, como é a Gestão do Conhecimento (doravante chamada de *GC*). Tenho acompanhado a evolução do conceito e das práticas da GC desde meados da década de 90, quando os primeiros autores se aventuraram na definição da área que parecia tão promissora, tanto dos pontos de vista conceitual quanto aplicado.

Acontece que o que foi apresentado, em geral, mas com notáveis exceções, às comunidades científica e corporativa, foi um excerto de senso comum e opinião pessoal no assunto, com a sensível e negativa ausência de embasamentos conceituais ao tema, oriundos da filosofia, da psicologia, da sociologia, da pedagogia e da tecnologia.

Eis aqui uma humilde tentativa de reparação, embora desafiadora. E um reconhecimento de autocrítica: eu mesmo iniciei meu trabalho no tema com uma falta de visão mais generalizada, criticando desde aquela época a concepção tecnológica da GC, e buscando algumas bases filosóficas; mas, confesso, sem uma proposta sistêmica mais ampla. Valorizei os aspectos de aprendizagem e de competências, como o fazem alguns autores no assunto, mas de forma ainda pouco sistematizada.

---

[1] Keegan, John. **Intelligence in war**: knowledge of the enemy from Napoleon to Al-Qaeda. New York: Alfred A. Knopf, 2003.

E após quase duas décadas de interesse pelo tema, apresento um novo produto, uma nova compilação, uma nova síntese do que entendo por GC. O título continua mostrando que meu foco é a *pessoa*, mais do que recursos materiais, financeiros e tecnológicos. E assim deve ser, pois o conhecimento é qualidade do sujeito, e não exclusivo do objeto, mesmo que seja criado pela interação das duas dimensões.

Que o leitor possa apreciar esta proposta.

O Conhecimento

A própria definição de *conhecimento*, tema central das discussões aqui conduzidas, se constitui na fonte maior de preocupação para quem deseja trabalhar a GC. Afinal, *gerir* quer dizer *administrar*; o que seria, então, *administrar o conhecimento*, se não é totalmente claro, para nós, o que seja o *conhecimento*? Como disse anteriormente, é querer estudar um objeto que, na verdade, nem consigo definir de forma exploratória, o que leva a uma incongruência preocupante.

Vamos, inicialmente, dar bases para o tema *conhecimento*, citando e discutindo diversas definições e bases epistemológicas.

Ao contrário do que o senso comum indica, conhecimento não é o mesmo que informação. São conceitos diversos e devem ser diferenciados, a fim de se evitar distorções e interpretações incorretas do que seja a própria *Gestão do Conhecimento*, e em oposição à *Gestão da Informação*. Mesmo os especialistas na área de sistemas e de tecnologia de informação têm cometido esta interpretação errônea.Definir conhecimento nos obriga a caracterizar um sujeito e um objeto, ou seja, o sujeito cognoscente e o objeto conhecido. O primeiro é o ator do processo de construção do conhecimento, enquanto o segundo é a base sobre a qual o processo de conhecimento se inicia. A interpretação de qualquer objeto do mundo concreto é, para nós seres humanos, e mesmo para os demais animais, *informação*. Qualquer som, imagem, símbolo, sensação ou reconhecimento de padrão é, para os nossos órgãos dos sentidos, aquisição de informação. É tentativa de descrever algo, ou seja, um conjunto de dados sensoriais que, tendo sido processados e integrados, assumem certo significado. Caso seja verbal, esse item de informação pode ser tanto verdadeiro como falso – informações falsas não deixam de ser informações, por lhes faltar veracidade. Mas é importante registrar que a informação pode ser, também, não verbal – visual, por exemplo. Nesse caso, é muito mais complicado falar em veracidade ou falsidade.

A partir do momento em que incorporamos essa informação, presente nos objetos do mundo concreto, estamos iniciando a transformação de informação em conhecimento, mesmo que por várias interpretações, sejam elas filosóficas, psicológicas, sociológicas ou pedagógicas.

Estamos, aqui, optando por uma linha epistemológica de orientação mais pragmática, para a qual o conhecimento consiste de modelos que, fazendo uso de informações, tentam representar o ambiente no qual está inserido o sujeito, maximizando a sua capacidade de resolver problemas. Certamente nenhum modelo poderá ser tão perfeito a ponto de agregar todas as informações do ambiente e representar de forma precisa a realidade. O ser humano (sujeito) busca o conhecimento para tentar fazer sentido da realidade (objeto) em que se situa. O conhecimento está, portanto, no processo de interação de um sujeito com um objeto: é nossa tentativa (subjetiva) de fazer sentido da realidade (objetiva). O sujeito não tem apenas mente: ele tem órgãos dos sentidos, ele se movimenta, ele age sobre a realidade, em geral procurando transformá-la e adaptá-la aos seus desígnios. Todos os dados oriundos de seu sistema sensorial precisam ser processados e integrados em informações. E as informações precisam ser integradas em um modelo que o sujeito constrói e que pretende representar adequadamente (isto é, veridicamente) a realidade. Esse é o lado "sujeito" da equação. Ao pretender que sua representação seja verdadeira, o sujeito reconhece a alteridade da realidade e, mais importante, a sua irredutibilidade a estruturas puramente mentais. Do outro lado (por assim dizer) do sujeito há um objeto, algo que lhe é dado a conhecer, a realidade, o mundo, seja lá como o chamemos. O conhecimento ocorre quando os dados fornecidos pelo sistema sensorial do ser humano são processados e integrados pela sua mente e se transformam em informações que exprimem enunciados sobre a realidade – enunciados esses que, como visto, podem ser verdadeiros ou falsos – e que, eventualmente, permitem a construção de um modelo teórico de como a realidade (material ou social) opera. Por se basear em informações, que, por sua vez, são dados processados e integrados, o conhecimento tem um componente que é objetivo, não puramente mental – mesmo que o processo de construção de modelos seja tipicamente mental. Assim, a informação se transforma em conhecimento por meio dos processos de comparação, de consequências (ou seja, quais são as implicações em decisões e ações), de conexões e relacionamentos, e de conversação. Já os dados brutos – símbolos sem significado - transformam-se em informação por meio da adição de significado, por contextualização, categorização (transformação em unidades de análise), cálculo (análises matemática ou estatística), correção (erros removidos), condensação (resumo em forma concisa). Conhecer significa ainda associar, ligar e justapor saberes parciais e autônomos, fazer conexões entre elementos informacionais aparentemente desconexos, processar, analisar, relacionar, armazenar e avaliar informação, de acordo com critérios de relevância.

Conhecer implica que um *conhecedor* conhece *algo*. É a relação entre o conhecedor e o conhecido. Um sujeito, um objeto e sua síntese. É ação imanente dentro do sujeito conhecedor.

sujeito conhecedor <   > objeto a ser conhecido

cognição: "o ato de saber": **ato de conhecimento**

Algumas conclusões imediatas:

:: o objeto nunca conhece;

:: cada sujeito conhece o objeto de forma diferente (por isso Piaget diz que o sujeito constrói o objeto).

Para Polanyi (2009), sabemos mais do que podemos expressar. É a base da definição do *conhecimento tácito*. Este não pode ser facilmente formalizado e colocado em palavras, ao tentar ser explicado. É, para o autor, a base de nosso conhecimento do mundo. Já o conhecimento que pode ser formalizado, explicado, é chamado, por Polanyi, de *conhecimento explícito*.

O conhecimento tácito especifica o conhecimento válido de um problema, a capacidade de um cientista de persegui-lo, e a previsão das implicações ainda indeterminadas da descoberta a ser feita. Não é possível formalizar todo o conhecimento, sem o conceito do tácito. Operações explícitas não são capazes de determinar a natureza e a justificação do conhecimento humano. Notem-se as implicações para a gestão do conhecimento e para a própria educação.

Em outros idiomas é importante a questão do "conhecer o que" e o "conhecer como": em Inglês – *knowing what* e *knowing how*; no Alemão o *wissen* e o *können*.

Utilizaremos, tal qual Polanyi, o termo *conhecer* como aplicado a conhecimentos práticos e teóricos, embora o emprego de ferramentas e de tecnologia possa ser chamado de *arte de conhecer*.

Utilizamos nosso corpo para conhecer o mundo, e é pelo uso inteligente do nosso corpo que nos sentimos *tendo um corpo*, alheio ao mundo concreto exterior. Aqui temos uma conexão com Piaget, que defende a visão de que construir conhecimentos é agir sobre o objeto, e transformá-lo nesse processo. Quando agimos na dimensão tácita, estamos incorporando algo em nosso próprio corpo, ou expandindo nosso corpo para inclui-lo, para que possamos nele habitar. De nada adianta observar algo a fim de se aprender sobre ele, é preciso vivê-lo. O que Polanyi chama de *interiorização*, Piaget chama de *assimilação*. Por isso aprendemos a matemática apenas pelo seu uso e prática.

Várias aprendizagens não podem ser descritas: um pianista pode ficar paralisado se ficar prestando atenção às teclas do piano que pressiona durante uma execução musical. Analisar um texto pelos seus componentes pode tirar seu valor literário. O detalhamento dos particulares nem sempre explica o conhecimento maior e geral. Existe um conhecimento prático em nosso corpo, que não pode ser ensinado formalmente. É fruto de aprendizagem pelo fazer, e não pelo observar. Isto traz sérias consequências se pensarmos que a ciência traz, em sua metodologia, a proposta de que tudo pode ser ensinado ao pesquisador em formação, pois que o conhecimento seria *objetivo* e passível de entendimento de forma generalizada.

Polanyi acredita que a falha da visão positivista da ciência vem justamente por desconsiderar o lado subjetivo e tácito do conhecimento, defendendo o ponto de vista de que o mesmo está no objeto, e de forma única. O autor também defende a visão da *emergência* do conhecimento a partir da *dimensão tácita*.

Platão já tinha questionado a busca por novos conhecimentos, no famoso *Paradoxo de Meno*: a busca pelo conhecimento é absurda, pois ou já se conhece algo, ou então não se sabe o que se busca, o que não permite a expectativa de encontrá-lo. Polanyi defendeu o ponto de vista de que o conhecimento tácito resolve esta questão.

As operações de um nível superior de conhecimento não podem ser explicadas pelos particulares que formam os componentes inferiores daquele. A impossibilidade de despersonalizar o conhecimento e a dificuldade de se buscar objetividade na forma de detalhamento pessoal têm sérias implicações, por exemplo, na própria pesquisa.

Polanyi (1974) faz critica à visão de distanciamento do cientista em relação ao objeto de pesquisa. Acredita, mesmo, que fora das ciências exatas isso pode ter um efeito devastador. E defende o conceito de *conhecimento pessoal*. O conhecer é a compreensão ativa das coisas conhecidas, uma ação que requer habilidade. Seja prática ou teórica. Exige, portanto, a participação pessoal do conhecedor em todos os atos do entendimento. Mas isso não torna nosso entendimento subjetivo. É objetivo no sentido de estabelecer contato com uma realidade oculta. A fusão do pessoal com o objetivo é o *conhecimento pessoal*. O conhecedor tem papel fundamental no conhecer.

O autor também mostra como a dimensão objetiva sempre foi preponderante na ciência moderna (Física e Astronomia, em especial).

Polanyi apresenta o exemplo da bicicleta: quando caímos, compensamos a queda girando o guidão no mesmo sentido da queda, e não o contrário. Mas conhecer este fato não nos ensina a andar de bicicleta! É preciso conhecimento prático da arte de andar de bicicleta.

Várias outras atividades humanas são baseadas em conhecimentos que não podem ser explicitados facilmente: cervejarias, agricultura, cerâmica, usinas de aço. São arte, e não etapas facilmente descritíveis. Uma arte que não pode ser especificada em detalhe não pode ser transmitida por prescrição, já que esta não existe. Pode ser passada apenas pela relação mestre-aprendiz. Existe, mesmo na ciência, uma parcela de arte não formalizável. Este fato tem alto impacto na gestão do conhecimento, quando consideramos que alguns tipos de conhecimento são difíceis de socializar. Vejamos:

- "learn by example": mesmo o mestre não sabe explicitar seus conhecimentos de parte da atividade; existe um respeito à tradição. O diagnóstico médico tem, em seu processo de ensino, muito desta questão – é arte de fazer e arte de conhecer;

- habilidades sensório-motoras (nadar, andar de bicicleta): são difíceis de explicar a alguém, demandam prática para a aprendizagem;

- a relação "knowing-how" versus "knowing-what".

Polanyi traz a este assunto a nossa relação com a tecnologia: dominamos as tecnologias quando são partes de nós, vivemos nelas, as assimilamos são os aspectos tácitos da tecnologia e do seu emprego.

O autor fala também da importância da linguagem na evolução da inteligência humana, em sua comparação com os animais na primeira infância, onde o bebê humano é muito parecido com o filhote animal. Quando surge a linguagem e a comunicação, acontece uma explosão de inteligência no humano (superior a 2 anos). Outros autores já tinham reconhecido este fato, como Piaget e Vygotsky. A educação fornece conhecimento latente, fonte de nossas potencialidades intelectuais, que podem ser aplicadas a instâncias de ocasiões específicas de nossas vidas, num processo de antecipação de situações de readaptação. A educação fornece também um modelo conceitual que nos dá um poder de controle intelectual sobre imprevistos, e aqui temos os aspectos estratégicos da mesma. Nossa subjetividade desponta em relação à objetividade da ciência tradicional, e notamos o quanto a formalização de conhecimentos pode estar distante de muitas competências que se fazem necessárias à vida bem vivida. A educação formal é baseada, em termos globais, na linguagem. Daí a ênfase na leitura e na escrita que é dada nos níveis da Educação Básica, e mesmo na Educação Superior. Mas sabemos da necessidade de reinterpretação que se faz necessária ao sujeito competente, nos termos de *assimilação* e *acomodação* (que Polanyi chama de *adaptação*) já previstos por Piaget em sua teoria epistemológica baseada na gênese dos processos de conhecimento e de inteligência. Pela assimilação de uma experiência a partir de um modelo interpretativo já existente passamos à adaptação de tal modelo ou estrutura a fim de se incorporá-la como lição aprendida de uma nova experiência, com incremento de significado e articulação para emprego futuro. A assimilação é *desempenho rotineiro*, a acomodação é *ato heurístico*.

Relação importante com as questões do conhecimento tem a solução de problemas, pois que é arte, e heurística, na maioria das vezes. É possível, certamente, algoritimizar a solução de problemas, mas num aspecto de formalidade muitas vezes distante das características humanas desenvolvidas em séculos de atividade de sobrevivência. A própria "paixão intelectual" - ou seja, a apreciação pela descoberta - tem parte nesta discussão, e não apenas a frieza positivista.

A realidade empírica faz conexão direta com a arte da descoberta científica, mas o método científico não pode ser apenas sequência de passos a ser cegamente seguido (um procedimento formal objetivo, sem emoção), ao contrário do que defendem as visões mais positivistas da ciência.

Em termos de resultados (*achievements*), os conhecimentos aplicados têm estreita relação com o conceito de *competência*, que trabalharemos mais tarde neste texto, e que é fundamental para a nossa proposta. O desempenho prático é oriundo do conhecimento aplicado, sendo este diferente do conhecimento puro, e plenamente justificado nos materiais, ferramentas e processos.

Maturana e Varela (1995) apresentam sua representação da natureza cognoscitiva do ser humano, que é composta de um hexágono assim estruturado:

–   conhecimento (percepção)

–   inteligência (aprendizagem)

–   sistema social (comunicação)

–   sistema nervoso (organização)

–   espaço físico (evolução orgânica)

–   autoconsciência (linguagem)

Externamente a tal hexágono agem, de forma sistêmica, a reflexão filosófica (espírito-pensamento), as ciências naturais (corpo-matéria), a biologia do conhecimento, a cibernética de segunda ordem (sistemas observadores), as ciências sociais (seres autoconscientes), e a evolução cultural (reflexão ética). Este conjunto complexo é denominado pelos autores de *cosmologia do universo humano*.

O conhecimento geral inclui fatos sobre objetos, pessoas e situações do mundo externo, e também mecanismos relacionados à regulação do organismo e sua sobrevivência (instinto). É a interação contínua do organismo com seu ambiente. As estratégias de raciocínio giram em torno de objetivos, opções de ação, previsões de resultados futuros e planos para a implementação de objetivos em diversas escalas de tempo.

Segundo Damásio (1995), e em termos biológicos, o conhecimento inato consiste de representações no hipotálamo, tronco cerebral e sistema límbico. O conhecimento adquirido pela experiência é feito de representações nos córtices de alto nível e na área abaixo do nível do córtex – conhecimento imagético (movimento, raciocínio, planejamento, criatividade) mais regras e estratégias para manipular estas imagens. Conhecimento novo é feito de modificação contínua dessas representações dispositivas (a *acomodação* de Piaget).

Como podemos dizer que conhecemos algo? Existiria um todo do conhecimento, ou é algo que é construído sempre e constantemente por nosso sistema cérebro-mente, em conjunto com os órgãos sensoriais? O conhecimento é mera recombinação de tudo o que já sabemos ou capturamos como informação? É possível se criar conhecimento realmente novo e inédito? Como seria a geração de padrões e visões de algo nunca imaginado? É possível gerar novos conhecimentos de forma abstrata, imaginada, teórica? Ou é preciso haver uma ação sensorial prévia? Seriam os modelos teóricos sempre baseados em analogias com o que já conhecemos? Desta forma cada pessoa teria sua varga própria e personalizada de conhecimento, e seria impossível sua padronização, o que traria sérias críticas ao modelo tradicional de educação? Existe uma fronteira entre o conhecido e o desconhecido?

Uma visão mais pragmática do conceito de conhecimento é a de TIWANA (2000), para quem o conhecimento é *informação para a ação*, informação relevante, disponível no lugar certo, no momento certo, no contexto correto e na forma correta, onde qualquer um pode usá-la nas suas decisões.

Tendo discutido detalhadamente os conceitos de conhecimento, falemos agora do processo pelo qual novos conhecimentos são construídos: a *aprendizagem*.

Aprendizagem

Novos conhecimentos são construídos pelo sujeito pelo processo de aprendizagem, seja este planejado ou não. Inicia-se como estímulo do ambiente, transformado em impulso nervoso pelo órgão do sentido associado, indo ao cérebro pelos nervos via neurotransmissores. A sensação (estímulo) e a percepção (imagens sensoriais a partir do estímulo) iniciam, portanto, o processo de aprender, e de construção de novos conhecimentos pelo animal. Depois recebem significado por meio do reconhecimento de padrões. É assim que Piaget e Luria acreditavam que o processo de construção do conhecimento vem da integração de sensações em *esquemas de ação* – agir sobre o mundo e acomodar-se a ele, tendo Vygotsky incorporado a esta ideia o relacionamento social do sujeito.

Há que se contrapor, entretanto, a memória (repositório estático da aprendizagem) ao pensamento ou raciocínio (ação dinâmica que pode utilizar os recursos da memória).

A aprendizagem pode ser definida, numa visão mais pragmática, como um *ganho de competência*. Esta última, por sua vez, pode ser definida como a capacidade de realizar de forma adequada o processo em estudo (as competências podem ser humanas e estruturais), como veremos adiante. A aprendizagem, num nível institucional, gera inovação (mudança de estado), que por sua vez aumenta a competitividade e o desempenho de uma pessoa ou organização. É assim que podemos dizer que uma organização aprende, por meio de seus componentes humanos.

As organizações que aprendem (*learning organizations*), de acordo com Senge (1995), são habilitadas a criar, adquirir e a socializar conhecimento, modificando comportamentos e refletindo os mesmos em *insights*. Ainda de acordo com Senge, a aprendizagem organizacional afeta modelos mentais, atitudes e crenças.

A aprendizagem organizacional (SENGE, 1995) considera que a organização é um sistema que constrói comunidades de aprendizagem e de prática e dá amplo suporte ao desenvolvimento pessoal.

Do ponto de vista teórico, das teorias da aprendizagem, podemos considerar duas grandes linhas para o assunto: as *teorias comportamentais*, onde o meio, o comportamento e o estímulo-resposta têm participação decisiva nas definições, e as *teorias cognitivistas*, onde a aprendizagem é considerada relação do sujeito com o mundo externo, via processos de comunicação e organização interna do conhecimento. A principal linha dentro da teoria cognitivista é a *interacionista* (Piaget e Vygotsky), onde o conhecimento não está apenas no sujeito ou no objeto, mas na interação entre os dois. A aprendizagem é o processo de organização de informação e integração do material pela estrutura cognitiva. Preocupa-se com o processo de compreensão, transformação, armazenamento e utilização das informações, no plano da cognição. O objeto de estudo é o pensamento (decorrência da teoria da computação e da linguística), e o ponto de partida são as operações mentais (pensamento, memória, raciocínio, linguagem). Também o papel da motivação na aprendizagem deve ser considerado.

As principais controvérsias das duas linhas são:

a)   Comportamentalistas: aprendemos hábitos – associação entre estímulo e resposta, pela prática;

b)   Cognitivistas: aprendemos a relação entre ideias e conceitos, abstraindo de nossa experiência.

Outras duas visões de aprendizagem devem ser consideradas nos dias atuais: a *visão cartesiana*, baseada em causas e efeitos, num modelo linear; e a *visão complexa*, sistêmica, baseada em complexidade e auto-organização.

Aprendizagem tem a ver com inteligência. Os fatores que compõem a inteligência humana são a imaginação (capacidade de manipular e combinar ideias e imagens), a linguagem (meio de comunicação), a memória (capacidade de registrar e evocar imagens e ideias), o pensamento (capacidade de elaborar ideias ou conceitos, provenientes da generalização das experiências com o meio), o raciocínio (pensamento segundo normas lógicas, ordenado), e a criatividade (imaginação ampliada).

Para Bloom (1981), a aprendizagem ocorre, em todo o mundo, a despeito da ausência de uma teoria aceitável. O ensino e a aprendizagem são fenômenos tão naturais que todos os membros da espécie humana neles estão empenhados, sem estarem perfeitamente conscientes do processo que estão utilizando. No lar e na família (2 - 10 anos), por exemplo, se aprendem a linguagem e as competências verbais. Para o autor, uma sociedade que dá tanto valor à educação e à escolaridade, a ponto de obrigar o indivíduo a que frequente a escola por tão longo período de tempo, deve se esforçar por tornar a educação atraente e significativa para o aluno. As sociedades modernas não podem mais se limitar a selecionar talentos; precisam encontrar meios de produzir talentos. Em nossa visão, isto ocorre por meio do desenvolvimento e realização de competências e de potencial humano, num processo de gestão do conhecimento.

Este trabalho defende o ponto de vista de que o conhecimento se consolida em *competências*, promovidas por sua vez a partir do potencial humano, ou seja, a carga de potencialidades que cada um de nós apresenta ao nascer, e que pode (e deve) ser realizada por meio da educação formal, não formal, informal e pela vivência cotidiana. É nosso próximo assunto, de total relação com a gestão do conhecimento, como veremos.

Competências e Potencial Humano

O tema da gestão do conhecimento atinge maturidade quando falamos de *competências*, pois é assim que confirmamos nosso ponto de vista de que GC tem relação direta com pessoas, e não apenas com tecnologia e recursos materiais ou financeiros.

Competências são componentes dos sistemas cognitivo (conhecimentos), psicomotor (habilidades) e atitudinal (segundo Benjamin Bloom e colaboradores) necessários para a vida, dentro de uma perspectiva de desempenhos pessoal e profissional, e baseados em metas estabelecidas para o bem viver. *Desenvolver e realizar competências* é se preparar e qualificar para o desempenho das atividades de vida, inclusive as profissionais. Por conseguinte, competência implica na capacidade de fazer, de realizar atividades que agreguem real valor, para as pessoas e para as organizações. O potencial humano, já citado, pode ser realizado através do desenvolvimento dessas competências.

A certificação de competências é um conceito que está de acordo com o Caput do Artigo 41 da Lei de Diretrizes e Bases da Educação (LDB). É o potencial humano a ser identificado, avaliado, reconhecido, aproveitado e certificado.

Em relação às competências, o documento *A Nation at Risk*, produzido pelo governo norte-americano em 1983, já alertava para o empobrecimento cognitivo causado na educação pública americana pela falta de competência na aplicação de todo um escopo epistemológico e pedagógico na realidade educativa cotidiana. Sabemos que alterações pontuais na educação pouco afetam o real incremento de desempenho pedagógico. Atacam-se muitas vezes as consequências, e não as causas. O que a sociedade exige dos egressos escolares, e o que as escolas fornecem como tal, é de uma diferença abismal. Competências reais são necessárias, e não habilidades de memorização ou execução de algoritmos e de heurísticas totalmente distanciadas da aplicação prática em solução de problemas ou tomada de decisão, que nos surgem a cada dia na vida real.

Perrenoud (1999) define competência como sendo uma capacidade de agir eficazmente em um determinado tipo de situação, apoiada em conhecimentos, mas sem limitar-se a eles. Estes são considerados por Perrenoud recursos cognitivos complementares – tais quais habilidades, valores e atitudes. Há que diferenciar *cabeças bem–feitas* de *cabeças bem-cheias* (para usar a frase de efeito de Molière, ressuscitada nos dias atuais por Edgar Morin). Isto gera, de acordo com Perrenoud, um conflito de prioridades a ser trabalhado na escola, quando esta questiona seu papel de mera transmissão de informação ou, por outro lado, de desenvolvimento de competências.

Allessandrini (2002) defende a tese de que a competência se manifesta através de um conjunto de habilidades. A autora faz estudo etimológico dos termos competências e habilidades; assim, o latim *competentia* significa proporção, simetria. Refere-se à capacidade de compreender uma determinada situação e reagir adequadamente frente a ela, ou seja, estabelecendo uma avaliação dessa situação de forma proporcionalmente justa para com a necessidade que ela sugerir, a fim de atuar da melhor maneira possível. Seria, segundo a autora, a qualidade de quem é capaz de apreciar e resolver certo assunto, fazer determinada coisa; capacidade, habilidade, aptidão, idoneidade.

A competência relaciona-se ao "saber fazer algo", que, por sua vez, envolve uma série de habilidades (do latim habilitas - aptidão, destreza, disposição para alguma coisa). Já capacidade tem sua origem em capacitas (qualidade que uma pessoa ou coisa tem de possuir para um determinado fim - habilidade, aptidão).

Gardner (1994) diferencia, no estudo de habilidades e capacidades, o *know-how* (conhecimento tácito sobre como executar algo) e o *know-that* (conhecimento proposicional sobre o conjunto real de procedimentos envolvidos na execução). O autor esclarece que não glorifica essa distinção rápida e rasteira, pois é útil pensar nas várias inteligências principalmente como conjuntos de *know-how* – procedimentos para fazer coisas.

Competência é um conceito que se aplica tanto no plano material como no puramente mental. Mesmo no plano material, competência tem um componente mental. Um atleta pode ser extremamente habilidoso em termos físicos e sensório-motores, mas certamente parte destas qualidades tem origem num sistema cérebro/mente adequado.

Daí Benjamin Bloom e colaboradores terem classificado as competências em termos dos domínios cognitivo, afetivo e psicomotor. O cognitivo trabalha habilidades mentais, o afetivo abrange sentimentos, valores e emoções, e o psicomotor é para habilidades físicas e manuais.

Mais algumas definições de competência:

a) Capacidade de quem é capaz de apreciar e resolver certo assunto, fazer determinada coisa (Dicionário Aurélio Buarque de Holanda);

b) Observáveis características individuais – conhecimento, habilidades, objetivos, valores – capazes de predizer/causar efetiva ou superior performance no trabalho ou em outra situação de vida (David C. McLelland).

Notem-se, em ambas as definições, um enfoque de aplicabilidade das competências em solução de problemas do mundo real, do trabalho e da vida.

Para Chaves (2004), competência é dominar e integrar as habilidades necessárias para que o desempenho em determinada área esteja não só dentro de padrões aceitáveis, mas evidencie um grau razoável de automaticidade. Ou seja, habilidades mostram a realização de determinada tarefa em padrões aceitáveis de desempenho. O autor defende o uso criativo e inovador da tecnologia, para que ocorra a expansão de nossos poderes mentais, o que facilita e ajuda a construção de competências e habilidades. Especificamente em relação à característica de automaticidade das competências citada pelo autor, pode-se afirmar que tornar-se competente em uma determinada área (construir, desenvolver ou adquirir uma determinada competência) certamente não é algo fácil. Mas a pessoa competente, depois que domina e integra as habilidades necessárias à competência que adquiriu, mobilizando, para tanto, as informações, os conhecimentos, os valores e as atitudes necessários ou pertinentes, normalmente evidencia um alto grau de automaticidade no desempenho de suas atividades: ela faz com que o fazer de uma coisa pareça fácil e natural.

A aquisição de uma competência, em geral, exige um alto nível de atenção ao processo, atenção essa que, uma vez adquirida a competência, se torna desnecessária, pois se alcançou o plano da automaticidade. Mas mesmo a pessoa competente, numa emergência ou num momento de crise, pode se tornar altamente consciente dos processos que está realizando.

Competências dizem respeito, também, à operação em ambiente em constante mudança, onde é necessário tratar de processos abstratos, tomar decisões, assumir responsabilidades, trabalhar em grupo, entender sistemas dinâmicos, e adaptar-se a horizontes relativos de espaço e tempo (distância, sincronicidade).

As competências adquiridas pelos aprendentes os preparam para habilidades cognitivas complexas, em situações de transferência do que foi aprendido, do aprender a aprender, e da aprendizagem por toda a vida.

A AMERICAN LIBRARY ASSOCIATION (ALA), através da instituição afiliada ASSOCIATION OF COLLEGE AND RESEARCH LIBRARIES (ACRL), determinou quais são as competências necessárias ao aprendente para ser considerado alfabetizado no tratamento de informação (Information Literacy Competency Standards for Higher Education). Vejamos:

- Determinar a natureza e extensão da informação necessária

- Acessá-la eficiente e eficazmente

- Avaliar a informação e sua fonte criticamente, incorporando-a em sua base de conhecimentos e valores

- Usar a informação para atingir determinado propósito

- Entender os fatores econômicos, legais, e sociais no uso da informação, de forma ética e legal

Esses itens são muito importantes num ambiente de rápidas mudanças tecnológicas e proliferação de fontes de informação. Devido à crescente complexidade deste ambiente, os indivíduos estão sujeitos a abundantes escolhas de informação – nos estudos, no ambiente de trabalho, e nas suas vidas pessoais. É preciso verificar a autenticidade, além de filtrar, a informação disponível, dentro de sua utilidade no desenvolvimento desejado. A apresentação da informação tem inúmeras formas, daí o interesse pelo campo da arquitetura de informação, muito valorizada hoje.

Uma nova educação, que privilegia o conhecimento, as habilidades e as atitudes, deve ser pensada, com todo o apoio tecnológico disponível. Esta mesma educação deveria valorizar as demais divisões da Filosofia, e não apenas a Epistemologia: a Metafísica, a Ética e a Estética – o verdadeiro, o belo e o bom, como retomado por Gardner (1999). Tais competências são desenvolvidas por meio de educação formal e, também, pela não-formal; por meio de capacitações, treinamentos, experiências naturais e do senso comum, além da carga oriunda de habilidades inatas (genéticas e hereditárias).

Gerir competências é ter visão integrada do potencial humano, desenvolvendo e utilizando estratégias de administração dos conhecimentos, das habilidades e das atitudes. É garantir um alto desempenho na educação e no trabalho, nas vidas pessoal e profissional. É o preparo e a qualificação para o desempenho das atividades de vida, inclusive as profissionais. Por conseguinte, competência implica na capacidade de fazer, de realizar atividades que agreguem valor para a vida pessoal e para a organização.

Tecnologias colaborativas e de suporte ao incremento intelectual deveriam, necessariamente, contribuir para o desenvolvimento de competências. Os padrões de competências têm se tornado o foco principal de avaliação de recursos humanos, programas de gestão do conhecimento, treinamento, e mesmo do que se deseja como produto do processo educacional.

Estamos prontos para tratar, finalmente, do tema maior deste trabalho – a gestão do conhecimento e do potencial humano. Os capítulos anteriores foram necessários por se tratarem de bases conceituais da mesma.

Gestão do Conhecimento e do Potencial Humano

Eis, aqui, a principal seção deste trabalho: a gestão do conhecimento propriamente dita, suas características, propostas, definições. O conhecimento foi definido anteriormente, por ser a base do assunto, e também para que ficasse clara a diferença do mesmo em relação ao conceito de informação, o que é muito importante para os objetivos deste trabalho. É pela aprendizagem que novos conhecimentos são construídos. Competências são o conhecimento em ação, e base para a realização do potencial humano, como tal.

Em função de tudo isso, discutido anteriormente, a GC deve:

1)   Processar dados em informação, por meio do significado;

2)   Agregar valor e utilidade à informação para que seja considerada conhecimento;

3)   Tal conhecimento tenha o formato de competências organizacionais e individuais, para que possa atingir o nível de inteligência.

A *cadeia epistemológica de nosso interesse leva à ação e a resultados reais*, dada a visão pragmática que aqui assumimos. Movimentos de retroalimentação positiva e negativa auxiliam no controle e melhoria de tais processos de conhecimento.

O que é, então, a *Gestão de Conhecimento*?

É administrar ou gerir conhecimentos (ou seja, criar novos conhecimentos, utilizar bem o conhecimento atual, socializá-los continuamente), e de forma otimizada para os nossos propósitos (sejam eles organizacionais ou pessoais).

Tudo o que conhecemos ou sabemos, por meio de técnicas, métodos, práticas e processos associados, que possa aumentar o desempenho de nossas vidas, ou a competitividade e a sustentabilidade de um negócio via inovação e melhoria contínuas. Por 'desempenho de vida' nos referimos, também, a objetivos menos pragmáticos, como, por exemplo, a satisfação e a realização pessoal.

A GC pode ser vista, também, como a conversão contínua de conhecimento tácito em explícito (vide discussão anterior baseada em Michael Polanyi), com o intuito de socializá-lo, ou o contrário quando as pessoas aprendem algo que tenha significado real para sua vida e para suas atividades profissionais. Especialistas em determinadas áreas do conhecimento podem ser considerados repositórios de conhecimento. Repare como é diferente se afirmar que um banco de dados é uma base de conhecimento – o que parece incorreto, do ponto de vista tratado nesta obra. A gestão do conhecimento deve garantir melhoria permanente, soluções ótimas de problemas, tomadas de decisão eficazes, produtividade, qualidade, competitividade, e inovação. Para tanto, os processos de aprendizagem individuais e organizacionais devem ser permanentes, garantindo a existência de uma organização aprendente. O trinômio conhecimento < > aprendizagem < > ação é a base de sustentação deste modelo.

A construção de competências é a forma pela qual tal modelo se implementa. As pessoas dotadas de técnicas e habilidades inventam novas máquinas, fabricam novos produtos, criam novos sistemas de comunicação, desenvolvem novas visões de mundo, enfim, constroem novos paradigmas. Neste ponto, cabe ressaltar que somente as pessoas e a forma como utilizam seus conhecimentos podem elevar as competências da organização.

Usar de fato o conhecimento é torná-lo ação efetiva na empresa e na vida, por isso são *competências realizadas* – conhecimento aplicado.

A Gestão do Conhecimento deve ser uma atitude, um posicionamento de *mindset* das pessoas e das organizações. Temos um modelo mental muito arraigado no que se refere à centralização dos fenômenos observáveis no mundo: achamos que tudo tem que ter a figura de um agente superior comandando todos os níveis, e de forma centralizadora. Esta visão pode ser revista quando se adota um modelo mais descentralizado de visão de mundo. É preciso mudar a forma de pensar, os modelos mentais, as análises de decisão, a solução dos problemas, a colaboração, a comunicação, a interação.

Em termos gerenciais e organizacionais, a GC começou a ser tratada formalmente como uma área do conhecimento com Nonaka e Takeuchi, no início da década de 1990, bem como com os trabalhos de Peter Senge, Thomas Davenport e Lawrence Prusak. Foi inicialmente parte das disciplinas de tecnologia e sistemas de informação, bem como da gestão de negócios. Mas logo se mostrou a importância de que outros campos pudessem embasar a área, como a filosofia, a psicologia organizacional e a sociologia.

Diversas empresas e organizações se dispuseram a implementar sistemas de GC, sendo que a maioria dessas iniciativas acabou por confundir GC com Gestão da Informação, como já tratado no início deste texto. A visão de recursos humanos se mostrou mais promissora, já que o conhecimento é, naturalmente, característica humana, em busca de desempenho incrementado, vantagem competitiva, socialização de conhecimento tácito e melhores práticas, inovação e criatividade, tudo isso do ponto de vista da aprendizagem organizacional, como já preconizava Senge em 1995. O conhecimento passa a ser visto como ativo de grande valor para a organização, inclusive no formato de capital intelectual (patentes, marcas, *know-how*), tanto nos níveis pessoal como organizacional.

Durante sua evolução, a GC teve várias visões conceituais, como a *tecnocêntrica* (que em muito se confundiu com a gestão da informação, como visto), a *humanística* (focada no ativo intelectual e de competências das pessoas que compõem a organização), bem como a visão mais aceita, da *interação sistêmica* permanente entre pessoas dentro de um sistema adaptativo e complexo.

De qualquer forma, os componentes essenciais de um esforço de GC são as pessoas, os processos intensivos em conhecimento, a cultura organizacional de compartilhamento do que se conhece individualmente, a tecnologia de suporte a tudo isso (comunidades de prática, educação corporativa, e-learning, redes sociais e de relacionamento).

Mapear conhecimento seria identificar a facilitar o acesso a recursos de competências específicas, dentro e fora das organizações. Para isso a tecnologia pode ter papel preponderante. As bases e repositórios de conhecimento seriam a coleção de conhecimento explicitado, além dos próprios detentores de conhecimento tácito, como visto bem difícil de ser exteriorizado, que são encorajados a compartilhar seu conhecimento e suas competências de valor para o negócio.

Outras práticas recomendadas para a implantação da GC são as recompensas para a partilha do conhecimento tácito, o diálogo (como forma de socialização de conhecimento tácito), as revisões de projetos (lições aprendidas), as comunidades de prática e de práticos, eventos de socialização de conhecimento sistemáticos, a gestão de competências (avaliação sistemática e proposição de capacitações dos membros da organização), relacionamentos mestre-aprendiz, inteligência coletiva por meio das tecnologias colaborativas, *scorecards* de capital intelectual da organização, equipes de GC específicas para determinados esforços.

Uma proposta interessante de gestão do conhecimento foi apresentada por Lévy e Authier (2000), no formato das *Árvores de Conhecimentos*, divulgada no livro de mesmo nome. Os autores propuseram um sistema computacional e matemático que poderia gerenciar as competências dos membros de uma determinada comunidade, mostrando assim, num formato padronizado, as qualificações individuais.

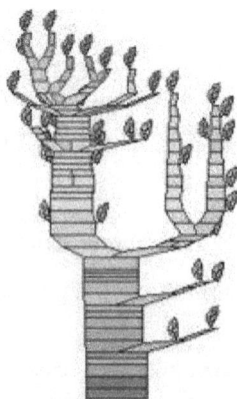

Figura 1: As árvores de conhecimento, de Lévy e Authier (2000).

Os autores pensaram nas árvores como estruturas de patentes, que seriam emblemas representativos dos saberes e competências elementares de cada indivíduo. Novas patentes seriam atribuídas aos indivíduos após a realização de testes e provas, no formato de simulações, de testemunhos, entre outras possibilidades.

O interessante na ideia é que qualquer competência pode ser considerada, independente do tipo de educação que a possa desenvolver. As pessoas passam a ser valorizadas pelo que sabem e conhecem, e não por testes estéreis que a educação formal costuma propor.

O conjunto de patentes na árvore da pessoa compõem o brasão da mesma, sendo representação de todos os saberes, ou como dizem os autores, sua *identidade cognitiva*, que pode ser empregada na busca por oportunidades acadêmicas e profissionais, consistindo em interessante instrumento de gestão do conhecimento.

A gestão do conhecimento parece ser mais processo que produto, mais pessoas que tecnologia. Isto aprendemos com décadas de imperfeições no modelo conceitual, e com mais fracassos que sucessos. Mas temos uma nova visão sistêmica e sistemática do assunto, o que pode garantir que não seja, apenas, mais um *modismo* corporativo ou teoria acadêmica de pouca aplicação efetiva.

Considerações Finais

Em resumo, a gestão do conhecimento trata de um conjunto de conceitos, métodos, ferramentas, práticas e estratégias para a identificação, criação, representação, utilização e socialização de componentes de conhecimento, incorporados em pessoas ou associados a práticas e/ou processos organizacionais, com finalidades alinhadas à estratégia da pessoa ou da organização. São processos contínuos de criação, mapeamento, utilização e socialização do conhecimento, numa organização ou no indivíduo, visando à agregação de valor às atividades organizacionais ou pessoais, além da melhoria das tomadas de decisão estratégicas. E conexão contínua entre pessoas, documentos e comunidades, garantindo o acesso permanente de todos ao conhecimento organizacional e apoiando a contínua socialização do mesmo, com fins de alinhamento à estratégica da organização.

Referências

Apresento alguns textos de base para aqueles que se sintam motivados a entender a evolução da Gestão do Conhecimento, inclusive aqueles citados no texto.

POLANYI, Michael. **The tacit dimension**. Chicago: The University of Chicago Press, 2009.

POLANYI, Michael. **Personal knowledge**. Chicago: The University of Chicago Press, 1974.

DAVENPORT, T., PRUSAK, L. **Working knowledge – how organizations manage what they know**. Boston: Harvard Business School Press, 1998.

EDVINSSON, L & MALONE, M. **Capital intelecual: descobrindo o valor real de sua empresa pela identificação de seus valores internos**. São Paulo: Makron Books, 1998.

HARVARD, BUSINESS REVIEW. **Gestão do conhecimento**. Rio de Janeiro: Campus, 2000.

NONAKA, IKUJIRO & TAKEUCHI, HOROTAKA. **Criação de conhecimento na empresa: Como as empresas japonesas geram a dinâmica da inovação**. Rio de Janeiro: Campus, 1997.

NONAKA, Ikujiro. TAKEUCHI, Horotaka. **Gestão do Conhecimento**. Porto Alegre: Bookman, 2008.

SENGE, P. **A Quinta Disciplina: Arte, teoria e prática da organização de aprendizagem**. São Paulo: Editora Best Seller, 1995.

STEWART, T. **Capital intelectual: a nova vantagem competitiva das empresas**. Rio de Janeiro: Campus, 1998.

SVEIBY, K. **A nova riqueza das organizações**. Rio de Janeiro, Campus, 1998.

SOFFNER, R. K., SILVA, R. V. da, PINHÃO, C. A gestão do conhecimento. In: Silva, R. V. da, Neves, A. (Orgs.). **Gestão de empresas na era do conhecimento**. Lisboa: Edições Silabo, 2003. 551 p.

SOFFNER, R. K. **Estratégia, conhecimento e competências**. Piracicaba: Degaspari, 2007.

MCGEE, J. & PRUSAK, L. **Gerenciamento Estratégico da informação**. Rio de Janeiro, Campus, 1994.

QUINN, J. B. **Intelligent enterprise**. New York: FreePress, 1992.

TIWANA, A. **The knowledge management toolkit**. New York: Prentice-Hall, 2000.

MEISTER, J. **Educação Corporativa**. São Paulo: Makron Books, 1999.

FILHO, Cândido Ferreira da Silva; SILVA, Lucas Frazão. **Tecnologia da informação e gestão do conhecimento**. São Paulo: Editora Alínea, 2005.

MATURANA, R., Humberto; VARELA G., Francisco. **A árvore do conhecimento**. Campinas: Editorial Psy, 1995.

BLOOM, B. S. **Características humanas e a aprendizagem escolar**. Porto Alegre; Rio de Janeiro: Globo, 1981.

LÉVY, Pierre; AUTHIER, Michel. **As árvores de conhecimentos**. 2. ed. São Paulo: Escuta, 2000.

DAMÁSIO, António. **O erro de Descartes:** emoção, razão e o cérebro humano. São Paulo: Companhia das Letras, 1996.

PERRENOUD, P. **Construir as competências desde a escola**. Porto Alegre: Artmed, 1999.

ALLESSANDRINI, C. D. O Desenvolvimento de competências e a participação pessoal na construção de um novo modelo educacional. In PERRENOUD, P. et al. **As competências para ensinar no século XXI**: A Formação dos Professores e o Desafio da Avaliação. Porto Alegre: ArtMed, 2002.

GARDNER, Howard. **Estruturas da mente:** a teoria das inteligências múltiplas. Porto Alegre: Artes Médicas, 1994.

GARDNER, Howard. **The disciplined mind**: what all students should understand. New York: Simon & Schuster, 1999.

CHAVES, E. O. C. **Uma Nova Educação para uma Nova Era**. São Paulo: Instituto Ayrton Senna, 2004.

www.ingramcontent.com/pod-product-compliance
Lightning Source LLC
Chambersburg PA
CBHW021150020426
42331CB00005B/979